LE DOSSIER

DES

PROPRIÉTAIRES

Par GALLUS

DÉDIÉ AUX LOCATAIRES

SOMMAIRE

I. Préambule. — II. Créance privilégiée du Propriétaire

III. Réparations locatives. — IV. Loyers d'avance

V. Exemption de la Taxe mobilière

VI. Trouble apporté à la jouissance des Locataires

VII. Logements insalubres

VIII. Tarification des Logements

IX. Usages et Coutumes (*Termes et Congés — Affichage des Locations*).

X. Interdiction de la visite des Logements occupés

XI. Attestations à donner par le propriétaire

XII. Conclusion (*Ligue des Locataires*)

EN VENTE A PARIS

15, rue Claude-Pouillet, 15

LE DOSSIER

DES

PROPRIÉTAIRES

Par GALLUS

DÉDIÉ AUX LOCATAIRES

SOMMAIRE

I. **Préambule.** — II. **Créance privilégiée du Propriétaire**
III. **Réparations locatives.** — IV. **Loyers d'avance**
V. **Exemption de la Taxe mobilière**
VI. **Trouble apporté à la jouissance des Locataires**
VII. **Logements insalubres**
VIII. **Tarification des Logements**
IX. **Usages et Coutumes** (*Termes et Congés —
Affichage des Locations*)
X. **Interdiction de la visite des Logements occupés**
XI. **Attestations à donner par le propriétaire**
XII. **Conclusion** (*Ligue des Locataires*)

EN VENTE A PARIS

15, rue Claude-Pouillet, 15

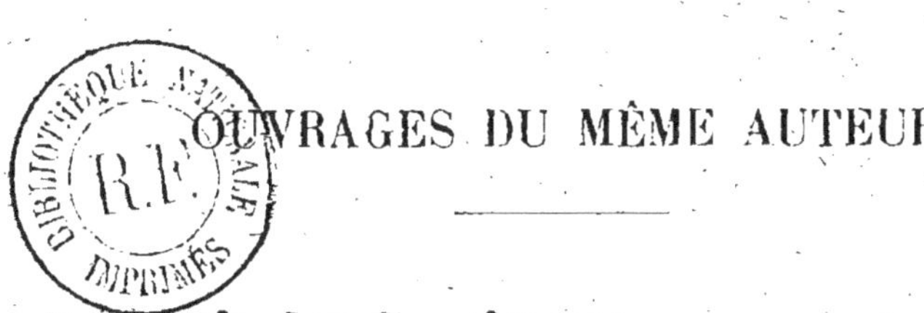

OUVRAGES DU MÊME AUTEUR

Le Droit des Concierges.

Comment l'esprit vient aux Électeurs.

SOUS PRESSE :

Le plan des Jésuites, dévoilé par la Lettre du Père Ignace au Père Escobar.

La vérité sur les Jésuites.

Le Concile secret des Jésuites, à Monza.

Le Dossier des Employeurs.

La Comptabilité naturelle et sans chinoiseries à l'usage de ceux qui ne veulent être ni volés ni voleurs.

TABLE DES MATIÈRES

LE DOSSIER

DES

PROPRIÉTAIRES

Par GALLUS

DÉDIÉ AUX LOCATAIRES

SOMMAIRE

I. **Préambule**. — II. **Créance privilégiée du Propriétaire**
III. **Réparations locatives.** — IV. **Loyers d'avance**
V. **Exemption de la Taxe mobilière**
VI. **Trouble apporté à la jouissance des Locataires**
VII. **Logements iusalubres**
VIII. **Tarification des Logements**
IX. **Usages et Coutumes** (*Termes et Congés —
Affichage des Locations*)
X. **Interdiction de la visite des Logements occupés**
XI. **Attestations à donner par le propriétaire**
XII. **Conclusion** (*Ligue des Locataires*)

EN VENTE A PARIS
15, rue Claude-Pouillet, 15

OUVRAGES DU MÊME AUTEUR

Le Droit des Concierges.

Comment l'esprit vient aux Électeurs.

SOUS PRESSE :

Le plan des Jésuites, dévoilé par la Lettre du Père Ignace au Père Escobar.

La vérité sur les Jésuites.

Le Concile secret des Jésuites, à Monza.

Le Dossier des Employeurs.

La Comptabilité naturelle et sans chinoiseries à l'usage de ceux qui ne veulent être ni volés ni voleurs.

TABLE DES MATIÈRES

LE DOSSIER

DES

PROPRIÉTAIRES

I

PRÉAMBULE

Le lecteur éclairé comprendra, sans qu'on le lui dise, que ce n'est pas à la personne des propriétaires que nous nous attaquons, mais aux abus engendrés par l'imperfection des lois qu'eux seuls se sont arrogés jusqu'à ce jour le droit de confectionner.

L'organisation sociale étant donnée, les propriétaires sont ce qu'ils peuvent être dans ce milieu malsain; c'est-à-dire ni pires ni meilleurs que les autres hommes. Le mal qu'ils font, inhérent à leur situation de privilégiés, est la conséquence inévitable de causes complexes qui mettent leur intérêt en opposition avec celui des locataires.

Leur imputer le malaise de ces derniers serait aussi insensé que de reprocher à l'arbre de porter des fruits; que de faire un crime aux bêtes de proie de manifester des instincts carnassiers, comme si la conformation de leurs organes pouvait leur permettre le genre de vie calme et paisible des ruminants ; en un mot, ce serait parler, ainsi que le fait observer le grand penseur Helvétius, non en philosophe, mais en prédicateur, à l'instar de ces *moralistes hypocrites* qui blâment sans cesse les effets sans remonter aux causes qui les produisent.

Et cela est si vrai que si les prolétaires actuels devenaient à leur tour propriétaires, ils ne vaudraient pas mieux que leurs devanciers ; c'est du reste un spectacle auquel nous assistons tous les jours ; il ne faut pas une longue expérience pour se convaincre que, parmi les propriétaires, ceux qui le sont de fraiche date, et de préférence les plus petits, ne sont pas les moins âpres à la curée.

La question, pour ne pas dégénérer en arguties, aurait besoin d'être étendue et généralisée. Il conviendrait, à cet effet, d'étudier la propriété dans ses origines, de la suivre dans ses transformations successives et de se demander si l'on doit en restreindre la définition au sens qu'on lui attribue communément ; si la propriété de la vie humaine (qui implique la nécessité de pourvoir à l'existence) ne constitue pas un droit plus sacré, plus légitime, plus inviolable que tous les autres droits, et qui leur est antérieur et supérieur, pour me servir du jargon des doctrinaires ; si le droit au superflu peut subsister pour quelques-uns, tant que le droit au nécessaire n'est pas garanti à tous sans exception. Mais ces considérations nous entraîneraient au-delà du cadre que nous nous sommes tracé.

Pour l'instant, nous ne discuterons pas la légitimité de cette faculté d'appropriation que les intéressés ont élevée à la hauteur d'un dogme sous le titre pompeux de droit de propriété et dont on a fait la clef de voûte des vieilles sociétés.

Lorsque le peuple, affranchi des erreurs du passé, aura repris possession de son libre arbitre, il décidera, dans son omnipotence, sur ces importants droits de propriété et sur bien d'autres sujets que ses meneurs de toutes les couleurs ont toujours eu soin de laisser dans l'ombre et de tenir à l'écart afin de le dominer plus aisément.

Il est douteux que le verdict, sorti des assemblées primaires de la France régénérée, s'accorde avec les notions d'économie politique et sociale prônées par les faiseurs.

Il serait intéressant de savoir si le peuple consulté mesurerait à la même jauge les différentes catégories de propriétaires; s'il estimerait au même titre deux individus dont l'un, en vingt années d'un travail opiniâtre, serait parvenu, au prix de sa santé et des plus dures privations, à économiser le mince pécule suffisant pour acquérir, à un taux usuraire, le champ qu'il a arrosé de ses sueurs, ou le toit qui abritera sa vieillesse; et dont l'autre, sangsue avide, aurait payé chacune de ses jouissances avec les larmes de ses semblables.

Quant au fisc, il n'a pas de ces susceptibilités de mauvais aloi; et, pourvu que les droits d'enregistrement soient acquittés dans le délai prescrit, il assure indistinctement la même protection à tous les propriétaires.

Parmi ces derniers cependant, on pourrait citer le commerçant ou l'industriel qui trompe sur la qualité comme sur la quantité, en dépit du risque de procès dérisoires dont les frais se soldent au compte de profits et pertes, ainsi que l'ont si bien démontré en pleine audience et avec une naïveté cynique, il y a quelques années, certains laitiers et un marchand de farine de moutarde; — celui qui sophistique les denrées alimentaires ou les substances médicinales; — le failli qui élève sa fortune sur la ruine de ses créanciers après plusieurs concordats obtenus, nous ne voulons pas nous enquérir à l'aide de quels procédés; — le chevalier d'industrie qui a puisé aux bonnes sources l'art de se rendre légalement insolvable; — le vampire qui suce jusqu'à la moëlle les malheureux dont il exploite sans vergogne la misère; — le fonctionnaire prévaricateur; — le magistrat corrompu ou servile; — le délateur, qui vit de chair humaine; — le cou tors qui assiège le chevet des mourants, affolés de terreur, pour extorquer leurs successions; — le marchand de paroles et le trafiquant de grimaces; — les maquignons de toute espèce; — ces êtres dégradés qui, suivant l'expression du poète, vivent de honte, au lieu d'en mourir; depuis la courtisane qui se range jusqu'à la femme qui, sous les apparences de la pruderie et de l'honnêteté, assure, par la vente de ses charmes, la carrière de son mari et l'avenir de ses enfants; — en un mot, tant d'individus des deux sexes qui, grâce à l'absence de scrupules et aux lacunes du Code pénal, peuvent devenir impunément propriétaires.

Dès l'instant qu'ils ont conquis ce dernier titre, leur propriété est inattaquable; et toutes les forces vives de la nation seraient mises en réquisition, s'il le fallait, pour leur prêter main-forte.

D'ailleurs le passé s'oublie vite, et la propriété reste.

A la seconde génération, les rejetons peuvent se targuer des vertus de leurs ascendants et parler avec onction de la sainteté de l'héritage et du travail accumulé.

Mais n'empiétons pas sur les solutions de l'avenir; le peuple, devenu majeur, sera libre d'agir comme il l'entendra.

Bornons-nous à examiner succinctement ce qu'il serait possible de faire, à l'heure où paraîtront ces lignes, pour atténuer l'excès du mal.

Ce serait sortir des limites que nous nous sommes imposées que de rechercher les causes de la concentration de la population dans les grands centres; on ne saurait toutefois révoquer en doute la réalité de ce mouvement qui, loin de se ralentir, tend à prendre, de jour en jour, de plus vastes proportions.

Dans plusieurs contrées de l'Europe, en Ecosse notamment, le chiffre accusé pour les populations urbaines, atteint presque, s'il ne le dépasse, le chiffre constaté de la population agricole.

Les villes ayant nécessairement des limites tandis que leur population continue indéfiniment de s'accroître, il en résulte fatalement que les locataires se trouvent à la discrétion et à la merci du nombre relativement restreint des propriétaires.

Ces derniers favorisés d'ailleurs par le jeu de l'expropriation (que de mystères à dévoiler?) et par le système de spéculation effrénée, qui a donné aux immeubles une plus-value factice et hors de proportion avec les autres valeurs ; exaltés par la fièvre de l'or, ils se sont cru tout permis et n'ont plus connu de bornes à leurs prétentions.

Les calamités nationales, loin d'atteindre cette classe de citoyens ont ouvert, au contraire, pour elle, une nouvelle ère de prospérité; car personne n'ignore que l'encombrement résultant du siège de Paris, a produit une hausse considérable sur le prix des loyers.

L'augmentation du taux des logements n'a pas suffi pour assouvir cette soif insatiable de l'or; on en est arrivé à réduire la hauteur des plafonds et à subdiviser les anciens appartements en petits compartiments comme en Chine; en sorte qu'on peut affirmer, sans crainte d'être taxé d'exagération, que la valeur vénale des locations a quintuplé depuis un demi-siècle; ce qui, par parenthèse, ne justifierait en aucune façon les prix déjà sujets à critique du temps passé.

En présence de ce renchérissement excessif, nous

ne saurions nous montrer sensible aux plaintes et aux récriminations de quelques agioteurs malavisés, qui, se fiant à la progression continue de la valeur des terrains, se sont vus déçus dans leurs prévisions, et ont subi le châtiment réservé à leur imprévoyance.

Nous gardons nos larmes pour des douleurs plus intéressantes et moins méritées.

II

CRÉANCE PRIVILÉGIÉE DU PROPRIÉTAIRE

On chercherait vainement un prétexte plausible à ce privilège injustifiable qui donne le pas à la créance du propriétaire sur toute autre créance, même sur celle du boulanger; car ce dernier aussi est armé d'un privilège.

Encore un accroc à la fameuse devise : « Tous les français sont égaux devant la loi. »

Tout privilège, tout monopole est une iniquité qui ne saurait trouver de défenseur sérieux que dans le cénacle de ceux qui en bénéficient.

On concevrait à la rigueur qu'on fit fléchir le grand principe de légalité si cette dérogation était justifiée par une protection spéciale à accorder aux mineurs.

aux femmes, aux faibles, aux déshérités ; mais l'appliquer au profit exclusif des propriétaires ! Jamais !

Le propriétaire de terres ou de maisons est un capitaliste comme les autres, qui fait suer l'argent dont il dispose, pour les motifs et par les mêmes moyens que ses confrères. Il spécule sur la location de son immeuble comme ceux-ci spéculent sur les denrées, les matières premières, les transports ou la fabrication.

Son capital ne diffère en rien des autres capitaux, soit par l'origine, soit par la destination, il ne mérite aucune préférence.

La seule explication rationnelle que l'on pourrait donner à cette anomalie, c'est que les législateurs, qui sont propriétaires pour la plupart, n'ont rien imaginé de plus pressant que de s'adjuger de prime-abord des avantages exceptionnels, en vertu de l'adage : « Charité bien ordonnée... » et de plus qu'il se sont bien gardés, et pour cause, de faire sanctionner leurs petits arrangements par les locataires.

Mais il s'en faut que la créance privilégiée se contente de la priorité et de l'antériorité. Sitôt qu'un abus s'est introduit quelque part, il devient bientôt une source d'abus nouveaux qui pullulent à foison.

Le propriétaire est, en outre, investi du droit de se payer, pour ainsi dire, de ses propres mains (faculté qui n'est accordée à aucune classe de citoyens) ; car il est autorisé à s'opposer à la sortie du mobilier du locataire insolvable, ou même seulement en retard dans le payement de son terme.

Dans les quartiers pauvres, cette garantie s'exerce à l'aide de procédés vexatoires qui sont une insulte à la misère et un outrage à la personnalité humaine.

Des hommes indignes de ce nom, sous le prétexte de prévenir les déménagements clandestins, ne rougissent pas de fixer aux issues des maisons des entraves qui laissent à peine subsister un espace suffisant pour le passage d'une personne ; en sorte que tous les habitants d'une maison, d'une cité sont gratuitement frappés dans leur liberté, dans leur indépendance uniquement pour sauvegarder les intérêts menacés d'un seul homme... le propriétaire !

Que ce dernier se fasse payer d'avance s'il a des doutes sur la solvabilité d'un locataire, ou qu'il ne lui loue pas son immeuble ; mais de là à consacrer une monstruosité dans le genre de celle qui vient d'être signalée, il y a un abîme.

Il est au moins étrange de laisser, entre les mains d'un particulier, une arme qui lui permet d'infliger une peine infâme aux habitants d'une maison, quand depuis longtemps les Gouvernements, qui ne sont pourtant pas tendres, ont aboli la marque et l'exposition pour les criminels.

Les formalités de saisie, de procédure, si longues, si coûteuses pour le commun des martyrs, sont simplifiées d'une manière étonnante dès que les intérêts d'un propriétaire sont en jeu ; toutes les difficultés s'aplanissent pour lui, et il se sent protégé dans ce qu'il appelle insolemment son droit, comme jamais ne l'a été ni veuve ni orphelin.

Lorsqu'il s'agit de loyers à bail, tant de précautions paraissent encore insuffisantes à M. Vautour. Il est rare qu'il n'impose pas au preneur les frais d'enregistrement qui sont dûs par avance tout au moins pour la première période de bail, alors que celui-ci n'a pu tirer le moindre parti de la chose louée; non-seulement avant toute récolte, s'il s'agit de terres en culture, mais même avant d'avoir semé!

Comme d'autre part le propriétaire entend n'avoir à courir aucun risque (contrairement à la définition de l'intérêt de l'argent donnée par les économistes); il exige que les lieux soient garnis de meubles méublants, instruments aratoires, bestiaux, etc., et, par dessus tout, une partie du loyer d'avance. Le voilà passé inspecteur-priseur de votre mobilier.

Si le locataire vient à manquer un seul de ses payements, le propriétaire est armé du droit d'éviction ou d'expulsion, tout en restant créancier des sommes dûes.

Lorsqu'un locataire à bail ne réussit pas dans ses affaires, si le propriétaire se refuse à la résiliation à l'amiable, le locataire, avant de vider les lieux, est tenu de payer à son propriétaire, en bon argent ayant cours, et sans préjudice des termes échus, le montant intégral de tous les loyers restant à courir jusqu'à l'expiration du bail, quels que soient et l'importance de la somme dûe et le nombre des années restant à courir.

Vers la fin du second empire, un négociant d'Orléans, ruiné, mais auquel restait la jouissance d'un long bail représentant une quarantaine de mille francs environ ; désespéré de n'avoir pu fléchir son propriétaire qui rejetait toute proposition d'accomodement, et réduit à l'alternative ou de tuer cet homme impitoyable ou d'en finir avec la vie, prit ce dernier parti, ne voulant pas (disait-il dans un écrit laissé sur sa table avant de mourir) déshonorer sa femme et ses filles en montant sur l'échafaud.

A la même époque, un scandale analogue se produisit à Paris. Ici le prix de la location annuelle était de 4,000 fr.; mais le négociant retirait de ses sous-locations un revenu de 9,000 fr.; ce qui constituait un supplément de 5,000 fr. qu'il offrait en holocauste à son propriétaire dans l'espoir d'être libéré du restant de son bail.

Le propriétaire de Paris ne se montrait pas moins intraitable que son digne collègue d'Orléans, et se portait comme créancier privilégié dans la faillite pour une somme qui absorbait la totalité de l'actif au détriment des autres créanciers.

Le Tribunal de commerce ne voulant pas se rendre complice d'une monstruosité pareille, refusa d'homologuer le concordat et la faillite ne put être déclarée.

Cette affaire fit tant de bruit et produisit une émotion si pénible dans le public que le Gouvernement d'alors jugea prudent d'intervenir indirectement pour calmer l'irritation, et, depuis cette époque, quelques palliatifs ont été imaginés pour éviter de porter les locataires au paroxysme du désespoir.

En général, il faut l'avouer, les propriétaires ne se montrent pas aussi stupidement féroces que ceux dont nous venons de faire mention.

Plus adroits, ils font composer le locataire en le tenant sous la menace de l'exécution de leur droit absolu; l'amènent par la crainte à sacrifier ses dernières ressources, et, à cette condition, lui consentent d'un air paterne libération entière et définitive. Le locataire se retire sans un sou, mais s'estimant presque heureux de n'avoir pas à vivre pendant 30 ans sous le coup de poursuites incessantes.

Peu de jours après, l'établissement est loué à nouveau et le propriétaire touche ainsi, pour se consoler, le prix de 2 ou 3 années de loyer pour une seule. Le locataire sortant a d'ailleurs presque toujours fait des aménagements et installations qu'il est contraint d'abandonner, et qui constituent une plus-value que le propriétaire ne manque pas de faire valoir pour tenir la dragée haute aux survenants.

Il serait puéril d'objecter que le locataire est libre de ne pas conclure, et que les contractants sont liés par des conditions réciproques. La vérité est qu'il n'y a pas de parité dans leurs situations respectives, au moins dans la majeure partie des cas. Si quelques locataires sont aussi riches ou même plus riches que certains propriétaires, le cas contraire est bien plus fréquent, et là, comme partout, l'exception confirme la règle.

L'homme aisé peut attendre ; d'ailleurs il est casé ; celui qui vit de son travail doit forcément subir les conditions qu'il plaît à l'autre de lui dicter.

III

RÉPARATIONS LOCATIVES [1]

Très souvent le concierge, sur les injonctions du propriétaire, oblige le locataire qui est sur le point de déménager, à payer une note fantaisiste ou, à défaut, à déposer en garantie une somme qu'il fixe arbitrairement dans le but de l'indemniser des réparations locatives incombant à la charge du locataire sortant.

L'affaire peut être plaidée devant le juge de paix, mais comme cela exige des délais, si le locataire veut passer outre, le concierge fait appeler un agent de police qui s'oppose au déménagement.

La plupart du temps aucun état des lieux n'a été dressé au moment de la prise de possession ; le propriétaire est donc sûr d'obtenir gain de cause, car, dans ce cas, les lieux sont censés avoir été pris en bon état ; en sorte qu'un locataire est exposé (et le fait n'est que trop fréquent) à payer les réparations dûes par tous ses prédécesseurs.

---

(1) Nous reproduirons ultérieurement, à titre de curiosité, quelques échantillons authentiques de constats de réparations locatives, pour prouver que ce n'est pas toujours au coin d'un bois qu'on demande aux gens la bourse ou la vie.

Cet abus est d'autant plus monstrueux que les réparations, même lorsqu'elles sont exécutées par les soins et aux frais du propriétaire, le sont d'une manière déplorable ; aussi, pour éviter tous ces désagréments, le locataire finit-il, de guerre lasse, par en passer par les exigences de son bourreau, sauf à en obtenir, après débat, une petite réduction.

Les petits ruisseaux font les grandes rivières.

IV

LOYERS D'AVANCE

Le payement des loyers par anticipation, entre les mains du propriétaire, constitue pour celui-ci un avantage d'autant plus grand et pour le locataire un dommage d'autant plus sensible que le bail est plus long.

La routine seule autorise cet abus. Quoiqu'il en soit, il est étrange que le propriétaire se permette de disposer de cette garantie qu'il fait fructifier pour son compte, comme si elle n'était pas un dépôt, dont il devrait, en tous cas, payer les intérêts au locataire.

Tous deux se valent ; jusqu'à preuve contraire, la moralité de l'un ne peut être mise en suspicion plutôt que celle de l'autre.

Le propriétaire est nanti contre la mauvaise foi possible du locataire ; ce dernier, en fait de recours, n'a que la ressource de plaider. Triste et coûteux expédient pour qui sait à quoi s'en tenir sur Thémis et ses suppôts!

Maintes fois on a proposé d'alléger les charges publiques en imposant les propriétaires d'une somme égale à l'intérêt des capitaux de garantie dont ils prélèvent indûment l'usufruit.

Attend-on, pour régler ces comptes, le moment de la liquidation sociale?

Au surplus, l'intérêt des loyers d'avance serait loin de compenser, pour le locataire, le tort que lui occasionne le payement anticipé du capital. Si le propriétaire était astreint à tenir compte de cet intérêt, il s'en consolerait facilement en élevant d'autant, et même davantage, le prix de sa location, ce qu'il fait couramment du reste pour l'eau, le gaz et les autres accessoires dont il grève les loyers.

—◦◦◦—

V

EXEMPTION DE LA TAXE MOBILIÈRE

Le fisc, d'une bienveillance inaltérable pour les possesseurs de maisons, ne laisse à leur charge que la Cote foncière qui est très minime, par comparaison sur les terrains bâtis; mais elle les dégrève de la taxe mobilière lorsque des logements sont inoccupés.

Cette condescendance fiscale ne saurait être envisagée que comme une prime offerte aux propriétaires, une invite à l'enchérissement des loyers. Si ces bonnes âmes étaient soumises au droit commun, on ne tarderait pas à les voir abaisser leurs prétentions à un taux plus en harmonie avec la situation économique.

L'Administration entre si bien dans cette voie qu'il lui arrive de tarifer les logements d'après une estimation supérieure au prix réellement payé par les locacataires.

Pour toute réponse au concert d'imprécations qui surgit alors de toutes parts, elle se borne à déclarer ironiquement qu'il est loisible aux propriétaires de louer leurs immeubles à bas prix ; mais que l'Etat ne saurait baser ses calculs sur des considérations d'intérêt privé !

Ce dégrèvement insolite est spécial à la classe des propriétaires. Dans toute autre industrie, l'impôt vous frappe brutalement sans s'inquiéter de savoir si vous faites ou non vos affaires ; et l'Etat poursuit avec rigueur ceux qui n'ont pu s'acquitter en temps utile.

A quel titre le propriétaire jouit-il d'une exemption qu'on refuse aux autres citoyens ?

Supprime-t-on la patente d'un négociant lorsque ses rentrées se font mal ? Exempte-t-on de l'impôt le cultivateur lorsque la récolte ne rend pas ? Réduit-on les taxes sur les objets de consommation lorsque les pauvres n'ont pas les moyens de se les procurer ?

Ceci me rappelle une clause immorale que certains

propriétaires n'ont pas honte d'insérer dans les baux
à ferme ; clause qui consiste à obliger les tenanciers
à supporter, à eux seuls, tous les dommages résultant de dégâts, mauvaises récoltes, gelée, grêle, sté-
rilité, sécheresse ou tous autres cas fortuits et im-
prévus.

VI

DU TROUBLE APPORTÉ A LA JOUISSANCE
DES LOCATAIRES

Aux termes des lois en vigueur, les locataires sont
tenus de supporter, sans indemnité, les grosses répa-
tions lorsqu'elles n'excèdent pas une durée de 40 jours.

Telle qu'elle, et sans les aggravations qu'y appor-
tent habituellement les propriétaires, cette loi est
contraire à l'équité ; car dès l'instant qu'il y a inter-
ruption ou cessation de jouissance pour le locataire
(que ce soit ou non pour cause de force majeure) le
préjudice doit être supporté par son auteur.

Dans la pratique, c'est tout le contraire. L'auteur
du dommage ne perd pas un centime, pas un coup de
dent, et le locataire entravé continue de lui payer inté-
gralement, comme par le passé, la valeur d'une jouissance qu'il ne possède plus.

O justice des gens d'argent !

Alors même que les grosses réparations seraient jugées nécessaires (par suite de vétusté ou d'accidents) est-ce que les dommages qu'éprouvent les locataires (dommages qui sont la conséquence forcée des travaux) ne doivent pas, en bonne justice, peser exclusivement sur le propriétaire? Ces sortes de dépenses ne rentrent-elles pas dans la catégorie des frais généraux?

On conçoit jusqu'à un certain point que, pour ne pas s'exposer aux ennuis et aux frais qu'entraîne un déménagement, le locataire préfère subir un trouble momentané dans ses habitudes; mais la charge de cette dépréciation n'en doit pas moins incomber au propriétaire capitaliste et non à celui qui en souffre sans en être la cause.

Toute atteinte portée à la libre jouissance d'un locataire quelqu'en soit le motif ou le prétexte, implique une indemnité en sa faveur de la part de l'auteur du dommage.

Tels sont les principes en dehors desquels il n'y a qu'abus et oppression.

En fait, les propriétaires se gênent fort peu pour léser leurs locataires, qu'il s'agisse de réparations urgentes ou non, devant durer plus ou moins de 40 jours; ils se croient tout permis; dès que leur intérêt est en question, celui des autres ne compte pas.

Un propriétaire entreprend-il de faire un agencement à sa convenance? A-t-il résolu, pour accroître ses revenus, d'exhausser sa maison d'un ou de plusieurs étages? Du moment qu'il espère retirer un bénéfice de sa spéculation, il ne s'inquiète pas de savoir s'il entrave la jouissance de ses locataires, s'il nuit à leurs intértés ou si même il les empêche de pourvoir à leurs besoins sur lesquels il prélève cependant un assez joli denier.

A la vérité ceux-ci ont la ressource de plaider; mais avec l'organisation actuelle de la justice, on sait ce qu'il en coûte de temps et d'argent pour ceux qui n'ont pas les moyens d'aller jusqu'au bout; c'est la lutte du pot de terre contre le pot de fer; le remède, en ce cas, devient pire que le mal; et les petits gens font souvent sagement, à ce point de vue, de supporter sans se plaindre les avanies et les vexations dont sont prodigues les tyrans du moëllon.

Aussi les propriétaires madrés, qui ne l'ignorent pas, agissent-ils en conséquence.

Il existe bien quelque part un Parquet chargé de poursuivre d'office les crimes et délits de droit commun; mais s'il se montre implacable pour les peccadilles des pauvres hères, il est d'une mansuétude hors ligne pour les infamies plus ou moins légales des seigneurs à pignon; et ce n'est pas sans raison que ces derniers se rient des foudres des gens de justice qui ne sont pas forgés à leur usage.

L'audace des propriétaires va si loin que maintenant, dans la plupart des baux, ils ne craignent pas d'insérer cette clause *illégale*, que le locataire subira, sans indemnité ni diminution de prix, tous les dommages, alors même que les travaux exécutés à l'immeuble excèderaient 40 jours.

❦

VII

DES LOGEMENTS INSALUBRES

Le propriétaire est tenu d'entretenir ses logements d'habitation clos et couverts.

Mais où sont les contrôleurs ? Et comment s'assure-t-on qu'ils remplissent leur mission ?

Le nombre est grand, dans Paris, des locaux insalubres, humides, étroits, mal clos, obscurs, ou exposés à toutes les intempéries des saisons.

La plupart des indispositions des Parisiens et bon nombre de leurs maladies graves n'ont pas d'autre origine que la disposition vicieuse des appartements, jointe à la rapacité des propriétaires, à l'incurie de leurs préposés et à la négligence des agents de l'administration.

Si l'habitant aisé peut, moyennant un supplément de dépense, se préserver des inconvénients les plus sérieux ou en atténuer l'excès, il n'en saurait être de même du prolétaire qui, ayant déjà beaucoup de peine à subvenir par son travail aux dépenses de première nécessité, n'a plus rien à consacrer à l'amélioration d'un local qu'il est exposé à quitter d'un instant à l'autre. Aussi est-ce snrtout sur les travailleurs que sévissent les maladies.

Sous la seconde République, à la suite des ravages occasionnés par les épidémies cholériques, les classes bourgeoises que le fléau commençait à décimer, avaient fini par s'émouvoir et par comprendre qu'il devenait urgent, dans leur propre intérêt, de combattre, par des mesures générales, les progrès de la contagion.

C'est sous l'impression de ces idées que furent votés des crédits de plusieurs millions destinés à l'amélioration des logements insalubres.

Le jour viendra peut-être où nous pourrons édifier le public sur l'emploi des fonds affectés à cet usage. Pour l'instant nous gardons le silence.

Les lois et arrêtés les plus récents relatifs aux alignements ont contribué, dans une certaine mesure, aux progrès de l'hygiène et à l'assainissement des habitations; mais en les édictant, le Gouvernement s'est préoccupé avant tout d'éblouir les étrangers par la création de voies bien alignées au cordeau et bordées de façades sysmétriques.

Tout a été sacrifié à l'apparence et au trompe-l'œil (*ad pompam et ostentationem*); les façades sur cour et les intérieurs ont été à peu près abandonnés à la discrétion des propriétaires. Voilà bien les sépulcres blanchis dont il est question dans l'Évangile; à l'extérieur, l'image de la vie et de la santé; au dedans, la pourriture.

Les règlements sont assurément très défectueux; la plupart des architectes sont imbus de l'esprit propriétaire; ils en sont encore à puiser leurs inspirations dans le fameux dosage philanthropique qui allouait généreusement 14 mètres cubes d'air aux cellules de Mazas; mais si l'on tenait néanmoins la main à l'exécution de ces règlements et si l'on passait une inspection minutieuse de toutes les parties de constructions qui ne sont pas en vue, un très grand nombre de propriétaires se trouveraient en contravention et pourraient être contraints à de sérieuses modifications et même à la démolition de leurs étouffoirs.

C'est alors qu'il y aurait des pleurs et des grincements de dents! A bon entendeur, salut!

Mais les architectes qui font partie des commissions de salubrité, ont plus d'intérêt à ménager leurs clients qu'à faire exécuter rigoureusement les règlements.

Combien de propriétaires après avoir fait construire leurs maisons conformément aux plans adressés à la Préfecture, ne s'empressent-ils pas, un an ou deux après leur édification, de remanier toutes les petites dispositions intérieures, au mépris le plus complet de ces mêmes règlements?

Nous affirmons hautement qu'un très grand nombre d'habitations, même les plus luxueuses en apparence, sont construites dans des conditions contraires à

l'hygiène et même aux règlements de voirie, surtout
dans les parties qui sont le moins en vue et que si on
le voulait bien, on pourrait ruiner légalement un grand
nombre de propriétaires.

VIII

D'UN TARIF DES LOGEMENTS

La valeur d'un logement ne représente en réalité que
ce qu'il a coûté à établir en matériaux et mains-d'œuvre. Cette somme divisée par le nombre d'années de la
durée probable de la construction, fait connaître le prix
annuel de la location, auquel il convient d'ajouter le
montant des réparations pour cause d'entretien.

Mais comme cette solution suppose une modification
du régime capitaliste qui n'est pas encore passée dans
les faits, rien ne s'oppose, en attendant, à ce qu'on
oblige les propriétaires à soumettre leurs locations à
un tarif, comme on a déjà réglementé plusieurs autres
industries d'un intérêt beaucoup plus secondaire pour
le public.

Chacun sait que les divers ouvriers et entrepreneurs
qui concourent à l'édification d'un bâtiment (maçons,
charpentiers, serruriers, menuisiers, couvreurs, pein-
tres, etc.) sont assujettis, pour le règlement de leurs
travaux, à des tarifs spéciaux qu'il leur est interdit d'ou-
trepasser. En cas de contestation, le propriétaire fait

vérifier leurs mémoires qui sont réduits lorsqu'ils sont empreints d'exagération.

Mais la réciproque n'est pas admise contre le propriétaire qui peut louer ses appartements au prix qui lui plaît et ne reconnaît d'autres règles que son caprice ou sa cupidité. Il impose des conditions, mais n'en subit aucune.

Il faut chercher l'explication de cette anomalie dans la constitution même du droit de propriété, qui donne au possesseur la faculté d'*user* et d'*abuser de sa chose* sans en rendre compte à personne.

Le mouvement qui entraîne incessamment les habitants des campagnes vers les villes, n'a fait qu'empirer cette situation; mais l'un des motifs les plus puissants du renchérissement et de l'élévation progressive du prix des loyers, provient surtout du fonctionnement des octrois et de leurs lignes d'enceinte, derniers vestiges de la barbarie du Moyen-Age.

Le territoire des villes se trouvant ainsi forcément limité, il est de toute nécessité que le terrain y acquière une valeur artificielle de jour en jour plus considérable; et comme le prix de la main-d'œuvre est loin de suivre la même progression, il en résulte une gêne de plus en plus considérable pour les petites bourses.

Qu'on s'étonne après cela de voir les propriétaires repousser avec acharnement tout projet d'impôt sur le capital ou sur le revenu, et prétendre que les octrois sont la pierre angulaire de l'ordre social!

La crise des loyers est arrivée à l'état aigu; elle

peut se retourner, à un moment donné, contre ceux qui l'ont follement provoquée ; et il serait peut-être habile, de la part des propriétaires, d'user d'un palliatif bien anodin, qui s'appelle la tarification des locations.

Reste à savoir s'ils emploieront le remède indiqué, ou si, le trouvant bon, ils ne le rendront pas illusoire en faisant établir les tarifs par des compères.

———

IX

USAGES & COUTUMES

Termes — Congés

Affichage des Logements à louer

Il n'est pas jusqu'aux usages (soigneusement entretenus par la routine) qui ne soient contraires à l'intérêt des petites gens.

La coutume de fixer au 8 ou au 15 de chaque trimestre l'époque de l'entrée en jouissance est très préjudiciable aux locataires. Cet écart de quelques jours ne leur est d'aucune utilité, puisque les époques de prise de possession, comme celles de déménagement, correspondent partout aux mêmes dates, et que, de leur côté, pour ne pas laisser périmer leur droit, les

propriétaires n'oublient jamais de dater leurs quit-
tances du premier jour du mois.

Quant aux loueurs, ils ont un puissant intérêt, ainsi
que les déménageurs, à ce que les entrées en jouissance et les sorties aient lieu simultanément le même
jour à la même heure de midi; car il faut se procurer
un gîte sous peine de rester à la rue et l'on sait que,
de nos jours, Diogène au lieu d'exciter l'admiration et
l'envie de nos modernes Alexandres, serait arrêté
comme vagabond, son tonneau mis en fourrière; et
l'on ne traiterait pas avec plus de considération le
Jésus des chrétiens, fût-il accompagné de ses douze
apôtres.

Outre que la consécration de cet usage incommode
et anti-rationnel amène une concurrence inévitable
exclusivement profitable aux deux classes d'industriels dont nous venons de parler, il en résulte un
autre avantage pour les propriétaires, c'est la nécessité où se trouvent réduites les personnes obligées de
déménager avant le terme, non-seulement de payer le
terme commencé, ne fût-ce que d'une heure, mais encore de prévenir, six semaines ou trois mois d'avance,
de l'intention où elles sont de déménager.

A moins de l'avoir éprouvé soi-même, on se fait
difficilement une idée du tracas qu'occasionne la
recherche des logements.

Que d'heures, que de journées passées à courir de
quartier en quartier, de rue en rue, de maison en
maison, escaladant en pure perte des douzaines d'é-

tages, trop heureux souvent d'être exténué lorsqu'on n'a pas eu affaire à des concierges furieux eux-mêmes d'être à la merci du premier venu et de n'avoir pas un instant de répit!

On ne s'explique pas que les propriétaires n'aient pas depuis longtemps pris l'initiative de faire cesser cet abus, en affichant tout simplement à leur porte les indications les plus indispensables ; telles que le prix, l'étage, le nombre, la grandeur des pièces et leur disposition.

D'un côté cette mesure ne coûterait rien aux propriétaires ; et de l'autre, elle épargnerait aux concierges et aux personnes en quête de logements bien des pertes de temps sans compter la fatigue des visites et des pourparlers inutiles.

Le propriétaire allèguerait en vain qu'il tient à savoir à qui il a affaire ; aucune autre considération que son intérêt ne lui prescrit d'admettre un locataire qui ne lui conviendrait pas. — Qui ne sait d'ailleurs que les mauvais payeurs et les gens bruyants ne sont jamais embarrassés pour trouver à se caser ! Les concierges ne tarissent pas d'éloges sur leur compte afin d'en être plus vite débarrassés, tandis qu'ils n'agissent pas toujours de même à l'égard des personnes qui n'ont pas eu le don de leur plaire ; et, souvent, en pareil cas, les demi-mots, les réticences sont plus nuisibles que les propos les plus malveillants.

Quelques propriétaires, en petit nombre, ont pris le parti de faire insérer des annonces dans les journaux ;

mais ces avis trop rares, s'appliquant presque toujours à des appartements d'une certaine valeur, laissent subsister pour les locataires peu fortunés les inconvénients signalés précédemment. Puis comme il s'agit d'une avance à faire, ces bons propriétaires, en pères économes, y regardent à deux fois et, tout compte fait, ils préfèrent laisser les pauvres diables perdre un temps dont ils ont cependant un si grand besoin, ne fût-ce que pour gagner l'argent du terme.

L'obligation de déménager et d'emménager le même jour et à la même heure partout à la fois, entraîne bien d'autres inconvénients.

Nous avons vu la concurrence des locataires amener la hausse exagérée des loyers et le prix élevé des transports au moment du terme.

A midi, délai de rigueur, le locataire sortant doit avoir évacué les lieux; mais, d'autre part, il ne peut prendre avant midi possession de son nouveau local.

Or comme cette double condition est impossible à remplir, attendu qu'aucun mortel n'est doué, comme François Xaxier, du don d'ubiquité, il en résulte de la précipitation dans les emballages, de la casse, une gêne effroyable pour tout le monde dans les escaliers et parfois des scènes de violence ou d'aigreur entre les partants et les arrivants; plus une facilité inouïe pour les larcins, dont profitent naturellement les voleurs aux aguets.

X

INTERDICTION

DE LA

VISITE DES LOGEMENTS OCCUPÉS

La visite des logements à louer constitue l'infraction la plus fragrante aux principes les plus élémentaires de la liberté du domicile, tant prônés sur tous les tons par les doctrinaires sous tous les régimes.

Nos codes, nos constitutions proclament à satiété l'inviolabilité du domicile. C'est le thème favori de M. Prudhomme :

« Le foyer domestique est sacré ; on ne peut en
« franchir le seuil sans l'assentiment du possesseur,
« et cela sous les peines les plus graves, hors le cas de
« force majeure, etc. »

Dans les cas exceptionnels que la loi détermine, un magistrat ne peut pénétrer dans le domicile d'un citoyen que muni d'un mandat régulier délivré par l'autorité compétente. Encore l'exercice de ce mandat est-il entouré d'un luxe de garanties et de précautions qui en rendent l'abus impossible (en dehors des poursuites pour cause politique toutefois ; car dans ces circonstances, les hommes d'ordinaire les plus pacifiques se transforment instantanément en loups enragés).

Mais ce qu'ose à peine la loi, armée de toute la puissance de la force sociale, le premier venu peut s'en passer la fantaisie dès que l'intérêt d'un propriétaire est en jeu.

En effet, le premier étranger qui passe dans la rue a toute facilité pour s'introduire dans votre intérieur si l'appartement est mis en location. Il lui est loisible de vous déranger au milieu de vos occupations, d'estimer l'état de votre mobilier et de votre garde-robe, de supputer l'exiguité de vos ressources, de surprendre vos angoisses si vous êtes pauvre ou malade, d'intervenir à l'instant où votre femme accouche, ou lorsqu'un des vôtres agonise. Il peut impunément inspecter le contenu de vos armoires et de vos cabinets, en votre présence, comme en votre absence, accompagné au besoin par le concierge qui satisfait ainsi tout à son aise ses instincts de curiosité malveillante.

Et cet abus révoltant, ce supplice, ne durera pas seulement une heure ou un jour, mais pendant six semaines, trois mois et même davantage si vous êtes contraint de donner ou de recevoir congé plusieurs fois consécutives.

Et dans quel but toutes ces avanies?

A seule fin qu'un propriétaire avide ne perde aucune des occasions qui peuvent survenir de louer avantageusement son immeuble!!!

Aux visites forcées des locataires en quête d'un gîte, il faut ajouter celles des simples désœuvrés qui cherchent un aliment à leur malignité; des propriétaires du quartier qui viennent par esprit de lucre, faire des études comparatives pour s'assurer si, à l'imitation de leurs collègues, ils ne pourraient pas augmenter le taux de leurs locations; enfin des filous qui sont à l'affût de toutes les occasions où il y a une montre ou tout autre objet de valeur à décrocher, sans oublier ceux qui prennent les empreintes des serrures, se réservant ensuite de choisir le moment opportun pour dévaliser les locataires pendant une absence.

L'usage de la visite est intolérable; il n'est pas moins contraire aux principes qu'aux convenances.

Le seuil d'un logement est infranchissable, s'il n'a pas été fait appel de l'intérieur, et la visite doit être interdite tant que les logements sont occupés ou sous la clef du locataire.

Libre aux contractants de convenir d'un prix applicable à un temps déterminé de location, renouvelable au gré des parties; mais la jouissance du locataire doit être entière, complète, absolue; elle ne saurait subir la moindre dépréciation, supporter la plus petite atteinte jusqu'à l'instant où elle expire et où le propriétaire rentre à son tour dans la plénitude de ses droits.

Ce dernier voudrait donner et retenir en même temps; palper les revenus de son immeuble tout en spéculant sur l'avenir fût-ce au détriment de ses locataires actuels. Cette prétention insensée est inadmissible.

Tant pis pour le propriétaire si ses appartements

restent vides après le départ du dernier occupant ! —
s'il tient à attirer des clients, qu'il prenne exemple sur
les autres industriels ; qu'il abaisse le prix des loyers ;
qu'il prépare des installations confortables ; qu'il fasse
de la publicité !

Si ces divers moyens ne lui réussissent pas, c'est
un malheur qui lui est commun avec bien d'autres
manieurs d'argent ; mais ce n'est pas une raison pour
l'autoriser à faire peser ses mécomptes sur des gens
qui n'en peuvent mais.

Il y a là un principe de droit naturel et de haute justice qu'il faut sauvegarder à tout prix ; dût s'ensuivre
la ruine des propriétaires ; mais ils ne s'en porteraient
pas plus mal, après tout, pour être assujettis au droit
commun comme les autres citoyens qui les valent bien.

—⋈—

XI

DES ATTESTATIONS A DONNER PAR LE PROPRIÉTAIRE

*Certificat de résidence exigé pour l'inscription
sur les Listes électorales, etc.*

On ne voit que trop souvent, de nos jours, le locataire jaloux de justifier son titre de citoyen, se trouver
aux prises avec son propriétaire, à l'effet d'obtenir ce
certificat ; démarche aussi humiliante pour le locataire
besoigneux qu'irritante pour le propriétaire dérangé.

En vain objectera-t-on qu'un locataire peut toujours recourir aux voies légales pour obliger le propriétaire à lui délivrer cette attestation.

Bien des gens répugnent aux démarches de cette nature ou ne se soucient point de gaspiller un temps précieux.

Il n'est pas bon, après tout, que l'exercice d'un droit aussi essentiel soit subordonné aux caprices ou au mauvais vouloir d'un propriétaire ou de son représentant, ni que les citoyens pauvres et timides abdiquent leurs devoirs civiques par crainte des vexations auxquelles ils pourraient être exposés.

Ce n'est pas ici le lieu de démontrer l'absurdité d'un règlement qui fait dépendre un droit inhérent à la personne d'une question de temps ou de résidence.

Mais il est souverainement irritant pour un homme libre, d'être obligé, pour l'exercice d'un droit primordial, d'avoir recours à un individu qui souvent ne réside pas sur les lieux, qui peut être votre ennemi personnel, et qui n'est pas toujours d'humeur à se mettre à votre disposition le jour et l'heure où vous avez recours à son ministère.

C'est une indignité d'imposer aux citoyens, mais surtout aux pauvres, cette sujétion, qui est une source constante d'humiliations gratuites et de ferments de haine entre les classes.

Il est bien piètre le droit qui peut être entravé par

·la négligence, le caprice ou l'hostilité d'un homme dont les intérêts sont diamétralement opposés à ceux de la classe à laquelle vous appartenez.

XII

CONCLUSION

(Ligue des Locataires)

En résumé, nous invitons tous les locataires à former une ligue dont les délégués auraient pour mission :

1º D'exiger l'abrogation des lois qui consacrent, au détriment des locataires et en faveur des propriétaires, un privilège contraire aux principes du droit commun.

2º De formuler, sous forme de projets de lois, toutes les mesures propres à améliorer la situation des locataires.

3º D'indiquer toutes les suppressions à faire et toutes les innovations à introduire dans les usages relatifs aux locations, pour les mettre en harmonie avec les progrès accomplis dans les autres branches de l'activité humaine.

4º Enfin de constituer un Office permanent d'en-

quête et de renseignements où toutes les réclamations
des locataires seraient accueillies, et, au besoin, pu-
bliées avec le concours des journaux dévoués aux intérêts populaires; de telle sorte qu'à défaut de coercition
légale, les propriétaires soient amenés par les effets
d'une contrainte morale, sous la pression de l'opinion
publique, à renoncer d'eux-mêmes spontanément à
des pratiques surannées et barbares et à prendre l'initiative de réformes que la prudence la plus vulgaire
leur conseille d'adopter en prévision des éventualités
et de la prochaine évolution économique qui se prépare.

OUVRAGES DU MÊME AUTEUR

Le Droit des Concierges.

Comment l'esprit vient aux Électeurs.

SOUS PRESSE :

Le plan des Jésuites, dévoilé par la Lettre du Père Ignace au Père Escobar.

La vérité sur les Jésuites.

Le Concile secret des Jésuites, à Monza.

Le Dossier des Employeurs.

La Comptabilité naturelle et sans chinoiseries à l'usage de ceux qui ne veulent être ni volés ni voleurs

Imprimerie LETOMBE, 15, rue Claude-Pouillet.